Made in the USA
Monee, IL
15 December 2023

49227508R00069